Nico Sternbaum*

Such den Osterhasen

- Ein OSTER-Mitmachbuch -

2-4 Jahre

Bassermann

Der Osterhase braucht
deine Hilfe, denn dieses Jahr
ist besonders viel zu tun. Aber
wo steckt er bloß? Eigentlich
müsste er in seiner Werkstatt
sein. Kannst du ihn sehen?
**Tippe mit deinem
rechten Zeigefinger
auf sein Versteck,**
wenn du ihn gefunden hast!

»Hihi, ich bin nicht der Osterhase! Der ist nämlich schon unterwegs. Aber ich bin sein Freund und bring dich zu ihm!«, ruft der kleine Esel und galoppiert freudig los.

»Hallo, ihr beiden!«, grüßt
der Osterhase und freut sich, dass
du ihm bei der Arbeit helfen möchtest.
Als Erstes braucht er Eier, die er später
bemalen und verstecken kann. Deshalb
besucht er seine Freundinnen, die Hühner.
Aber leider macht niemand auf, obwohl
er an die Stalltür geklopft hat. Bestimmt
hören sie ihn nicht. Kannst
du **mehrmals laut
gackern wie
ein Huhn?**

Gut gemacht, sie haben dich gehört und die Tür geöffnet. Nun bekommt der Osterhase von den lieben Hühnern viele Körbe mit Eiern, die er auf seinem kleinen Holzwagen verstaut.

Als Nächstes braucht der Osterhase neue Pinsel, um die Eier bemalen zu können. Deswegen besucht er Frau Dachs. Die verkauft davon nämlich ganz viele in ihrem Laden. Aber Frau Dachs kann ihre Brille nicht finden, dabei sitzt die doch genau auf ihrer Stirn. Kannst du **beide Hände auf deinen Kopf legen?** Vielleicht findet sie sie dann!

»Die sind aber toll!«,
freut sich der Osterhase, nachdem
Frau Dachs ihre Brille gefunden und
ihm seine neuen Pinsel überreicht hat.
Nun hat er fast alles beisammen, was
er zum Bemalen der Eier braucht!

Zu guter Letzt besucht er noch seinen Freund, den Fuchs. Dieser hat ein Geschäft für Farben. Schließlich fehlen dem Osterhasen noch Rot, Grün und Blau. Kannst du Herrn Fuchs zeigen, welche Farbgläser der Osterhase braucht?

Tippe zuerst mit deinem linken Zeigefinger auf Rot!

Dann tippe mit deinem rechten Zeigefinger auf Grün!

Und jetzt noch mit beiden Zeigefingern auf Blau!

Klasse, dank deiner Mithilfe hat
Herr Fuchs genau die richtigen
Farben rausgesucht.

Oje, auf dem Weg zurück in die Werkstatt sind ein paar Eier vom Wagen gerollt. Kannst du den Osterhasen warnen? **Rufe »Achtung!« und winke ihm zu!**

»Vielen Dank!«, sagt
der Osterhase erleichtert und
sammelt schnell alle wieder ein!

Nun ist er wieder zurück
in seiner Werkstatt, wo er gleich
die neuen Farben auspackt. Aber
irgendwas kitzelt ihn plötzlich an
der Nase. Ups! Schau mal, er hat sich
beim Ausladen versehentlich selbst
angemalt. Kannst du ihm zeigen, wie
er die Farbe wieder abbekommt?

Reibe mit der flachen
Hand vorsichtig mehrmals
über deine eigene
Nasenspitze!

Prima, er hat es dir nachgemacht! Seine Stupsnase ist wieder sauber und kitzelt nicht mehr. Jetzt kann er die restlichen Sachen aus seinem Holzwagen laden.

Als Nächstes werden die Ostereier bunt bemalt. Alle bekommen Streifen, Punkte oder lustige Verläufe. Die beiden hier hat der Osterhase einfach in mehrere Farben getaucht. **Dreh das Buch einmal nach links und einmal nach rechts**, damit sich die Farben schön verteilen.

Ui, schau mal, was für tolle Farbverläufe auf den beiden Eiern entstanden sind!

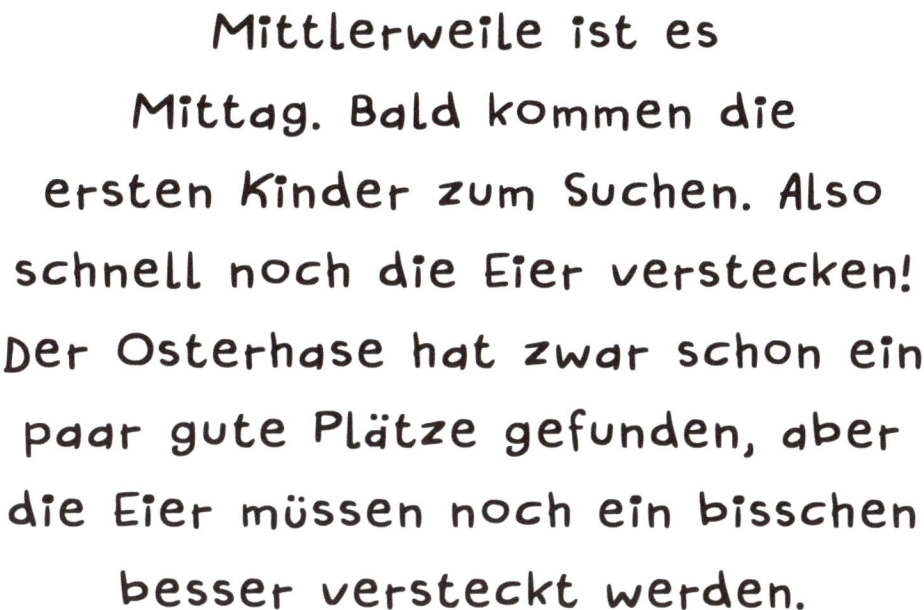

Mittlerweile ist es
Mittag. Bald kommen die
ersten Kinder zum Suchen. Also
schnell noch die Eier verstecken!
Der Osterhase hat zwar schon ein
paar gute Plätze gefunden, aber
die Eier müssen noch ein bisschen
besser versteckt werden.

Kannst du das Buch zweimal schütteln?

Vielleicht fallen ein paar Blätter
vom Baum und bedecken
die Eier!

Klasse, dank deiner Mithilfe
sind jetzt alle Eier gut versteckt.
Und gerade noch rechtzeitig, denn
in der Ferne hört man schon die
ersten fröhlichen Kinder, die nach den
bunten Ostereiern suchen wollen.

»Was für ein toller Tag!«, freut sich
der Osterhase und wünscht dir und allen
anderen da draußen ein frohes Osterfest!

Nun klapp das Buch
gaaanz vorsichtig
zusammen, damit die Eier
nicht kaputtgehen, und vielleicht
darfst auch du schon bald nach
kleinen Geschenken vom
Osterhasen suchen!

Mitmachbücher — Auch als Hörspiel erhältlich —

  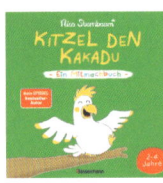 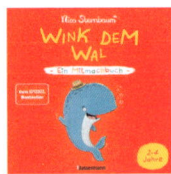

Themen-Mitmachbücher — Auch als Hörspiel erhältlich —

Fühl-Mitmachbücher

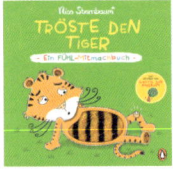 

Malbuch   Freunde-Album   Ausschneidebücher

Über den Autor:

Nico Sternbaum hat schon als Kind begeistert gezeichnet und Geschichten erfunden. Mit seinen Eltern erkundete er unter anderem Südafrika und baute sich im Obstgarten der Großeltern ein Abenteuer-Baumhaus. Nach dem Abitur machte er sein Diplom an einer Kunsthochschule. Heute schreibt und illustriert er Kinderbücher, die sich bei seinen kleinen Lesern großer Beliebtheit erfreuen und bereits in andere Sprachen übersetzt wurden (u. a. ins Chinesische). „Schüttel den Apfelbaum", „Schaukel das Schaf", „Wink dem Wal" und „Schüttel den Weihnachtsbaum" landeten auf der SPIEGEL-Bestsellerliste, und mehrere Titel wurden von der renommierten Stiftung Lesen vorgestellt und empfohlen. Nico Sternbaum lebt in der Nähe von Limburg. Er liebt Reisen, koreanisches Essen und Museen.

ISBN: 978-3-8094-4970-6

3. Auflage 2026

© 2025 by Bassermann Verlag, einem Unternehmen der Penguin Random House Verlagsgruppe GmbH, Neumarkter Straße 28, 81673 München
produktsicherheit@penguinrandomhouse.de
(Vorstehende Angaben sind zugleich Pflichtinformationen nach GPSR.)

Text, Layout, Zeichnungen und Umschlaggestaltung:
Nico Sternbaum
Projektleitung: Birte Dittmann
Satz: Astrid Wedemeyer
Herstellung: Astrid Wedemeyer
Druck und Bindung: Alföldi Nyomda Zrt., Debrecen
Printed in Hungary

FSC
www.fsc.org
MIX
Papier | Fördert gute Waldnutzung
FSC® C010328

Penguin Random House Verlagsgruppe FSC® N001967